KNOBLICH Augustin

Oswitz bei Breslau

Ein Andenken für seine Besucher

KNOBLICH Augustin

Oswitz bei Breslau
Ein Andenken für seine Besucher

ISBN/EAN: 9783337197155

Hergestellt in Europa, USA, Kanada, Australien, Japan

Cover: Foto ©ninafisch / pixelio.de

Weitere Bücher finden Sie auf **www.hansebooks.com**

Oswitz bei Breslau.

Ein Andenken für seine Besucher

von

A. Knoblich.

Mit einem Titelkupfer, radirt von Bernhard Mannfeld.

Breslau,
G. P. Aderholz' Buchhandlung
(G. Porsch).

Inhalt.

Sucht ihr am Lieblingsorte
Gern ein Erinn'rungsblatt,
Das nicht so bald verdorrte,
So wählt in Bild und Worte,
Was läng're Dauer hat. —

Den zahlreichen Besuchern von Oswitz wird hierdurch ein
solches Gedenkblatt geboten, wie sie es längst und vielfach
vermißten. Allen genügen ist schwer, doch dürfte es Viele
befriedigen. Büschings älteres Schriftchen, welches im
Herbste 1824 anläßlich der Kapellenweihe erschien, wurde
inzwischen vergriffen und selten. Nach vierzig Jahren sind
seine Nachrichten auch um Manches bereichert worden.
So möge das Büchlein, geziemend von Künstlerhand
geziert, den Beifall Jener gewinnen, die alljährlich in der
Sommerfrische des freundlichen Ortes Erholung finden,
oder aus Andacht zur Bergkapelle pilgern. — Auch ein
kleines Dorf kann seine Geschichte haben, und Oswitz ent-
behrt sie nicht. Hier wandelt der denkende Mensch auf
historischem Boden, hier trifft sein Fuß auf seltsame Spuren
der Urbewohner. Vor Jahrtausenden warf ein wehrhaftes
Volk jene Schanzen auf, begrub ein in seiner Art frommes

1*

Geſchlecht noch ſeine beſten Todten unter den Stammrieſen
des Eichenhaines. Heut rauſchen die Wipfel ſeines gelich=
teten Nachwuchſes über dem chriſtlichen Friedhofe, auch
manchen Grabhügel beſchattend, unter welchem Schwer=
muth oder Verbrechen ein verfehltes Lebensziel fand.
Muntre Jugend freut ſich dagegen ſchuldloſen Sinnes im
Spiele der freien Natur, während Troſtbedürftige nahen,
deren Loos ſie nöthigt, den Kreuzweg im Leben zu gehen,
oder welche auf langwierigem Siechbett der Madonna von
Oswitz für erſehnte Geneſung ihr Dankopfer gelobten.
Aus der Vorzeit des kunſtloſen Bildwerkes erfahren auch
dieſe nicht wenig Erhebendes. Die Freunde der Heimaths=
kunde begegnen hier endlich nicht Jedem bekannten Fürſten=
geſtalten, deren Aſche in Breslauer Piaſtengrüften der Auf=
erſtehung wartet. Es waren hochherzige Wohlthäter der
Hauptſtadt. Ihre Pergamente und Wachsſiegel ſind uns
erhalten, ihre ſteinernen Stiftungen gingen meiſtens zu
Grunde. Sind wir den Nachkommen nicht wenigſtens die
Rettung jener vergilbten Blätter ſchuldig? — Nachdem ſie
voreinſt in Kriegsſtürmen ſchwerer Vaterlandsnoth, wie
welkes Laub im Spätjahre, von den ſechshundertjährigen
Pflanzungen ſchleſiſcher Landesherrn herabgeriſſen worden,
verdienen dieſe Willenszeugen der Alten bei aller Ent=
werthung unſeren Enkeln doch noch geſchichtlich vererbt zu
werden. —

Breslau, 1867.

1. Aus der Heidenzeit.

Die bedeutenden Schanzen bei Oswitz waren von jeher der merkwürdigste Punkt dieser Art in der Nähe Breslaus. Lage, Bestimmung und Namen derselben verdienen eine nähere Beleuchtung in dunkler Vorzeit. Das Volk ahnte daselbst immer ein Bollwerk der Urbewohner, welche längst v o r dem dreißigjährigen Kriege diesen Ringwall zu ihrer Schutzwehr aufgeworfen. Denn mitten im Flachlande boten weder Wälder noch Sümpfe eine sichere Zuflucht gegen feindliche Ueberfälle. Die 25 verschiedenen „Schwe-denschanzen," welche bis jetzt unter falscher Benennung in Schlesien bekannt sind, erinnern uns mehr an die S u e v e n germanischen Urstamms, als an die später hier hausenden Schweden. Sueven, welche zu Christi Zeit mit den Semnonen Deutschland bewohnten, wußte der Römer

Tacitus (Suevorum Semnones) in unseren Gegenden. Auch die ältesten Annalen von Bauzen nennen solche Erbwälle richtiger Suevenschanzen. Diese waren ursprünglich Opferstätten und Begräbnißplätze für Fürsten und Priester der Heiden, welche ihre nordischen Götter in heiligen Hainen verehrten und ihre edlen Verstorbenen im Schußbezirke derselben begruben. Frauen, Kinder und Habe bargen sie in Nothfällen hinter dem unzugänglichen Ringwall. Viele dergleichen sind noch im Odergebiet, in Böhmen, Polen und in der Oberlausiß, vorzüglich wohl erhalten bei Kloster Marienstern und Ostro vorhanden.

Nach den Sueven drangen während der Völkerwanderung heidnische Slaven in unsere Wildnisse vor. Sie fanden am rechten Oderufer die Schanzen der abgezogenen Germanen und ließen sich vor denselben häuslich nieder. Den Ort benannten sie, vielleicht nach seiner öden Lage, Oszobowiec, Ozzobowicz, Ossewicz, und den nächstliegenden Vorhügel des Inselwalles swięta góra „heiligen Berg,“ nach seiner alten Bedeutung. So heißt noch heut in polnischer Mundart eine Suevenschanze bei Kalisch. Jener heilige Berg bei Oswitz war vormals offenbar ein Außenwerk des ganzen Ringwalls und bestimmt, den Zugang zu den westlichen Schanzen zu sperren. Dieses Befestigungswerk deckte südlich der Oderstrom, vor Ueberschwemmung desselben war es durch seine Höhe gesichert. Auf allen übrigen Seiten von Sumpfgewässer umflossen, vermochte die ansehnliche Wasserburg — im Gegensatze zu den Feldsburgen des Gebirges — jedem Angriffe von der Flußseite, sowie einer Beschleichung vom Thalgelände her Trotz zu bieten.

An diese Befestigungsart der Oswitzer Schanzengruppe erinnert heut überdies noch überzeugend der Grottegraben, welcher am Fuße des heiligen Berges vorüber fließt. Davon hat dieser Kapellenhügel sogar den Namen Grottleberg behalten. Grodec hieß bei den Polen eine Burg nebst ihrer Umwallung. Davon sind Gröbizberg, Gröbiz und Grätz herzuleiten. Demnach wußten die Slaven hervorragende Orte des Landes, die ihren Vorfahren in Krieg und Frieden viel gegolten, selbst nach ihrem Werthe richtig zu bezeichnen. Ueberreste ähnlicher Wasserburgen waren noch später die Burgwälle im Oberwalde von Riczen bei Brieg, bei Kottwitz, Weigwitz und Laßwitz ꝛc.

Uebrigens sind als Beweis unserer Deutung, die Oswitzer Suevenschanzen unter die berühmtesten und ausgiebigsten Fundorte vorchristlicher Grabalterthümer zu zählen. In Schlesien wurden deren nun schon gegen 500 nachgewiesen. Um Breslau zumal finden sich reiche Urnenlager. Im Bereiche des ältesten Burgplatzes nahe der Kreuzkirche auf der Dominsel entdeckte man bei verschiedenen Bauten bis in die neueste Zeit noch 1863 Heldenbegräbnisse, und früher solche in der Nachbarschaft von Oswitz öfters bei Pöpelwitz, Pilsnitz, Gandau, Masselwitz, Sandberg, Ransern, Lissa, Stabelwitz ꝛc.; also an der Weide, Lohe und Weistritz so vielfach, daß schon dadurch eine zahlreiche vorchristliche Anwohnerschaft in dieser Oberniederung beglaubigt erscheint. — Der Ringwall bei Oswitz birgt noch heut wahre Todtenkammern im Schoße der Erde. Man förderte

1811 bei Anpflanzung von Obstbäumen, und 1822 wieder
bei Grundarbeiten zum Kapellenbau auf dem heiligen
Berge eine Menge von heidnischen Geräthen zu Tage,
welche uns in das Leben und Empfinden der Alten über-
raschende Blicke gestatten. Als Mitgift der Verstorbenen
fand man die sonst auch gewöhnlichen Aschenurnen, Thrä-
nennäpfchen, Schalen, mancherlei Schmuck und Waffen,
ein Stück Bernstein, wie er im Handel als Geld galt,
Kinderklappern von Thon, welche in solchen Gräbern
häufig, — Pfeilspitzen von Eisen, Bronzesachen, Horngge-
genstände, Mahlsteine zu Handmühlen (Quirla!), Stein-
hammer, Messer, Sporen, auch mehrfache Kohlenreste
von Opfer- und Leichenbränden; wovon Vieles im Breslauer Alterthümer-Museum' verwahrt, Anderes auf der
Villa des Gutsherrn im Dorfe gezeigt wird. Weitere
Nachgrabungen unterblieben aus Schonung gegen das
Ganze, welches früher noch niemals wirksam unterwühlt
ward. Der heilige Berg zumal, an dem von uralten Zeiten her ein Kirchhof lag, ist an heidnischen Grabalterthü-
mern unerschöpflich und muß der sorgsamsten Erhaltung
Seitens aller Verständigen gegen unbefugte Hände drin-
gend empfohlen bleiben.

Noch im 14. Jahrhundert waren die Schanzen von
Oswitz eine bewaldete Insel. Sie müssen demnach bis
in die christliche Zeit, welche bei uns erst im 10. Jahrhundert aufdämmert, von den Heiden gepflegt und benutzt worden sein. Wir haben darauf zielende Nachrichten, wie lange
und hartnäckig sich die Heidenschaft im polnischen Schlesien
an ihre Gebräuche hielt. Als 966 der Polenfürst Miesko

sich durch die böhmische Dubrawka nach Thietmars Zeugnisse für das Evangelium gewinnen ließ, begann die Bekehrung erst in der Nähe des Thrones, bevor sie im Volke Verbreitung fand. Je roher dasselbe war, desto fester hing es an seinem Wahnglauben, desto langsamer konnte es durch die wenigen Missionare überzeugt werden. Als schon Bischof Johannes von Breslau lebte, war der Schlesiergau noch von unbeugsamen Heiden bevölkert. Kaiser Otto, der im Jahre 1000 von Rom bis Gnesen zum Grabe seines zu Romove von den Preußen erschlagenen Freundes Abalbert, Bischofs von Prag, pilgerte, fand zwar Dubrawkas Sohn Herzog Boleslaus zur Neubegründung der Bisthümer Gnesen, Colberg, Krakau und Breslau geneigt, aber Bischof Thietmar von Merseburg kannte unsere polnischen Zustände näher, um die Schwierigkeiten des Bekehrungswerkes ermessen zu können, das meist von ausländischen Sendboten unternommen ward, welche die Volkssprache nicht verstanden. Damals kamen die Missionare vom Klausnerorden der Camabulenser Romualbs auf Bitten Boleslaws in die sarmatische Ebene. Diese hatten allerdings die Lebensweise mit den in Wildnissen zerstreuten Urbewohnern gemein. Ihre Regel war Entbehrung, ihr Dasein glich der Verbannung. Sie suchten das Edelwild, das Ebenbild Gottes in der Waldesnacht, in den Gebirgsschluchten, in unwirthlichen Sumpfniederungen der Ströme auf und siedelten sich hier unter halbwilden Menschen an, von denen ihnen tägliche Todesgefahr drohte. Im Jahre 1004 erschlugen die Heiden auch Etliche davon in Polen. Mit

ihnen war ein für Schlesien bedeutsamer Einsiedler Namens Siegharbus aus Italien gekommen, der längere
Zeit als Eremit und Leutpriester in der Wildniß bei Ohlau
lebte, von Königlichem Geblüt stammte und noch im
15. Jahrhundert die Ehre der Altäre genoß. Zu dessen Zeiten
unternahm Kaiser Heinrich II. gegen Herzog Boleslaus
von Polen, dem unser Schlesien gehörte, mehrfache Heer-
züge; einmal 1015 bis Posen mit großem Verluste;
hierauf am 9. August 1017 bis Glogau, das von den
Polen stark vertheidigt wurde. Von dort sandte er auser-
lesene Schaaren gegen die Veste Nimptsch (Niemci),
wozu der mitanwesende Thietmar bemerkt: jene Stadt
habe ihren Namen daher, weil sie einst von Deutschen
erbaut worden; denn ein Deutscher ist den Polen gegen-
über stumm oder fremd, indem er ihre Sprache nicht ver-
steht. Nimptsch lag im Gau Silensi, welcher den
Namen von einem sehr hohen und großen Berge Zlenz
(Zobten) trug. Dieser stand wegen seiner Höhe, und weil
daselbst noch heidnischer verruchter Götzen-
dienst getrieben wurde, unter den Eingeborenen in
besonderem Ansehen. Heiden lebten also damals in hiesi-
ger Gegend allenthalben. Herzog Boleslaus befand
sich voll Besorgniß um die Wendung des Kampfes in
Breslau. Am 12. August kam der Kaiser Heinrich mit
dem Heere persönlich vor Nimptsch und belagerte die Veste
mit allen Arten von Kriegsmaschinen. Alsbald erschienen
auf Seiten der Polen ganz ähnliche. Der Augenzeuge
Thietmar betheuert: „Nie habe ich von Belagerten gehört,
welche mit größerer Ausdauer und Umsicht sich vertheidig-

ten" — und berichtet: „der Heiden wegen errichtete
man ein Kreuz und hoffte mit dessen Hilfe jene
zu überwinden. Wenn diesen Glück widerfuhr, so
schrieen sie nicht auf im Jubel, ebensowenig, als sie einen
Unfall durch ausbrechende Klage kundgaben." — Man
sieht hier die erprobte, kaltblütige Willenskraft der Nachkommen Jener, welche einst unsere Döwitzer Schanzen ein-
genommen, auch unter der Besatzung von Nimptsch. Drei
Wochen lag der heil. Heinrich davor und konnte die Hei-
denveste nicht erobern. Als er mit den fertigen Maschinen
zum Sturm trieb, warfen die Heiden Feuer aus ihren
Bollwerken, daß vor des Kaisers Augen Alles verbrannte.
Er mußte sich zurückziehen, da auch die mit ihm verbündeten Böhmen und Wenden vergeblich die Veste berannt
hatten.

Durch solchen Erfolg ermuthigt, erhoben die Slaven
sich immer kühner gegen die deutsche Macht, wie 1034 die
rheinische Grafentochter Richenza, Mutter Kasimiro
von Polen erfuhr. Sie wurde sammt ihrem Sohne ver-
trieben. Die zahlreichen Heiden des Landes empörten
sich, verbrannten Kirchen und Klöster und verscheuchten die
Christen in die Wälder. Nachdem jedoch die Ordnung
1041 wieder hergestellt worden, klagte noch 1075 Papst
Gregor VII. in einem Briefe an Herzog Boleslaus von
Polen, daß die Bischöfe noch keinen festen Sitz hät-
ten, vielmehr unstät umherwandern müßten, und
bat um ihren Schutz. Allerdings sollen in jener unsicheren
Zeit die schlesischen Bischöfe zu Schmograu und in
der Veste Riczen gelebt haben, doch schon vor Hiero-

n y m u ß verlegte man den bischöflichen Sitz 1046 nach der
Dominsel zu Breslau unter den Schutz der alten Piasten-
burg. Seitdem mag die Heidenschaft der Umgegend all-
mählich im Widerstande erlahmt sein und ihre alten Gewohn-
heiten der Todtenverbrennung wie der Götterverehrung in
heiligen Hainen auch auf den Oswitzer Schanzen aufgege-
ben haben [1]. —

[1] Schles. Prov.-Bl. 1866, 12. 720 — 25. Büsching,
Oswitz 9 f. — 4. 5. Mus. Ber. 1866. Thietmar, Chro-
nik. VII. a. 1017. Dazu m. Jubil.-Erinnerung im Schl.
K.-Bl. 1866. Nr. 10—12. und schles. Regesten I., 9 f.

2. Herzogin Anna und ihre Söhne.

Da der Zobtenberg seither das Haupttheiligthum der Heiden war, wo sie nach dem Wechsel der Jahreszeiten ihren Opferherd unterhielten, mußte gerade auf diesem gemeinsamen Mittelpunkte des absterbenden Götzendienstes noch einmal die Donnereiche des bisherigen Wahnglaubens stürzen. Der Landeshauptmann Graf Peter Wlostides schwang hier die Bonifaziusart mit durchgreifendem Erfolge. Ihr Streich traf auch die übrigen Cultstätten des Volkes im Lande und es ist kaum zu glauben, daß auf der Sueven schanze bei Oswitz der Winkeldienst der versteckten Heiden sich noch lange gehalten habe, denn der Graf Peter lebte in Breslau. Am Zobtenberge stiftete er das erste Mönchs-Kloster Schlesiens, erbaute die Adalberts-Kirche, begründete die Vincentinerabtei auf dem Elbing vor Breslau in der Nähe der Cathedrale. Seine Gemahlin Maria widmete mit ihrem Sohne Swentoslaus die Sandkirche der Gottesmutter. Sie war aus Flandern. Von dort brachte sie ihren Hofkaplan mit, der die Berufung der

Augustiner von Arrovais bewirkte, auch wohl den ein-
wandernden Wallonen um Breslau freundliche Aufnahme
vermittelte. Diese entscheidende Veränderung geschah bis
zur Mitte des 12. Jahrhunderts. Daher rühmten mit
Recht die Mönche: Ortlieb von Zwiefalten, der um
1144 in Polen war, und Seyfried von Bamberg,
welcher mit dem hl. Otto, Apostel der Pommern, schon
1124 durch Breslau reiste, die Verdienste des Grafen
Peter um die Sicherung des Christenthums in unseren
Gegenden.

Diese kurzen Andeutungen genügen, darzuthun, daß seit
jener Zeit auch die vorchristliche Bedeutung der Oswitzer
Ringwälle in deren Waldeinsamkeit verschwand. Sicher
bestand das Dorf aber schon vor dem 13. Jahrhundert als
einträgliches Gut der in Breslau residirenden Landesherrn,
nachdem Schlesien von Polen getrennt, im Jahre 1163
eigene Fürsten erhielt. Der streitbare Boleslaus der
Lange, Stifter der Abtei Leubus und der Nicolai=
kirche bei seiner Curie auf der Scepine (1175) — starb
als Herr von Oswitz im Dezember 1201 zu Lissa.
Sein Sohn Heinrich der Bärttge besaß hierauf den
Ort bis 1238. Er war der Gemahl unserer hl. Hedwig,
Prinzessin von Meran. Diese lebte mit ihm gemeinsam
öfters bis 1209 auf der Breslauer Domburg und kannte Os=
witz sicher noch im alten Zustande. Herzogin Anna, Tochter
Otacars I. von Böhmen, war seit 1216 ihre vertraute
Schwiegertochter. Ihrem Gemahle, Heinrich dem
Frommen, gehörte das Gut nur drei Jahre. Er fiel im
Heldenkampfe gegen die Tataren am 9. April 1241 auf

der Wahlstatt bei Liegnitz, wo sich die asiatischen Reiterhorden nach erfolglosem Sturme auf die Domburg zur
entscheidenden Schlacht gesammelt. Seine Wittwe Anna
regierte als Vormünderin ihrer 4 Söhne das Land im
Trauerjahre bis 1242. Die Hauptstadt wurde von ihrem
ältesten Sohne Boleslaus II. nach dem Brande während
des Heidenüberfalles nach deutscher Weise neu gegründet,
erweitert und bevölkert. Oswitz hatte jedenfalls, wie die
ganze Umgegend, von jenem plötzlichen Kriegssturm mitge-
litten. Der Herzog überließ das Dorf bei der Theilung
der Erbländer mit dem Fürstenthum Breslau seinem Bru-
der Heinrich III., als er nach Liegnitz wich. Hierauf
betrafen die Bruderkriege der uneinigen Prinzen Anna's
öfters auch die Dörfer an der Weide und unser Oswitz
hart. Gleichwohl behauptete das Gut nach allen Ver-
wüstungen immer noch einen beträchtlichen Werth für den
Landesherrn. In dieser Bedeutung wird es urkundlich
nach der Mitte des 13. Jahrhunderts erwähnt.

Heinrich der Fromme hatte vor dem Auszuge zur
Tatarenschlacht den Seinigen noch manche milde Stiftung
auf die Seele gebunden. Der Herzogin Anna blieb es
heilige Herzenssache, dies Testament des unvergeßlichen
Gemahls in Friedenszeit zur Ausführung zu bringen. Es
gelang ihr jedoch erst 12 Jahre nach seinem Tode. Nachdem Anna schon 1242 dem Willen Heinrichs gemäß den
Benedictinern von Opatowitz die Wildnisse um
Grüssau zu einer Klosterpflanzung überwiesen, stiftete sie
in Breslau bei ihrem Hofe das St. Elisabethhospital
der Kreuzherrn für Kranke und Elende mit Hilfe der

Söhne Heinrich, Boleslaus, Conrad und Wla-
bislaus 1253. Für die Minoriten, welche bei Hofe seit
1236 in hoher Gunst standen, hatte die Fürstin schon ihren
Schatz erschöpft. Nun galt es, die letzte Absicht ihres Gemahls zu erfüllen. Sie begann den Bau des Klarissen-
klosters 1257. Ein Breslauer Bürger, Meister Conrad,
der mit den Minoriten, welche die Aufsicht führten, befreundet war, scheint das Ganze geleitet zu haben. Die ersten
Nonnen sandte ihr unter Aebtissin Briderunis Schwester
Agnes von Prag, die selbst das Ordenskleid der heil.
Klara gewählt. Anna sorgte bald für den Lebensunter-
halt ihrer Schützlinge nach Kräften. Sie schenkte zum
Kloster ihre Curie nebst Garten, die Baukosten, die Kir-
chenkleinodien, erkaufte aus eigenem Vermögen die Zinser-
träge von den nahen Dorfschaften Koberwitz, Neu-
kirch, Kriptau, von der Burchardsmühle bei Go-
lau, und verlieh die Villa auf der Scepine in der Nico-
laivorstadt. Briderun bezog mit den Klarissen das
von Bischof Thomas I. eingeweihte Kloster 1260. Nun
schien Annas Verlangen erfüllt. Die Päpste Alexan-
der IV. und Clemens IV. nahmen die Stiftung der viel-
belobten Fürstin auf jede Weise mit zahlreichen Briefen in
Schutz. Anna's Schenkungen aber waren zum Unterhalt der
40 Jungfrauen nebst Klostergesinde, obgleich Jene aus-
nehmend streng lebten, noch unzulänglich. In Anbetracht
dieses Mangels trat nun Heinrich III., jedenfalls auf
der Mutter Bitten, die bereits Alles geopfert hatte, vor die
Lücke und gab zur Vervollständigung ihrer Klosterausstat-
tung — und zum Seelenheil seines Vaters, wie seiner

Vorfahren, in Gegenwart seiner Barone noch die Dörfer
Ransern und Oßwitz¹) mit allem Zubehör, wozu auch
ein neuangelegter Weingarten zu rechnen, und die
Einkünfte der Pfarrei Schweibnitz nebst dem Zins von
vier Fischern, welche auf der Oder von der Fischergasse auf
der Scepine bis Auras das Fischereirecht erhielten. Oßwitz
wechselte also am 22. April 1257 seinen bisherigen Besitzer
und blieb seitdem Eigen des Klarenklosters bis 1810. Den
Stiftshinterfassen verlieh der Fürst besondere Freiheiten;
nur in Fällen des Blutgerichtes, wo es sich um Hals und
Hand handelte, sollten sie vor den herzoglichen Vogt gezogen,
sonst von dem Stiftskanzler gerichtet werden.

Herzogin Anna überlebte ihre Lieblingsstiftung nur
um 8 Jahre. Sie starb in der Johannesnacht 1265 und
liegt in der Klosterkirche (der jetzigen Ursulinerinnen) am
Ritterplatze bestattet. Schon im Spätherbste 1266 folgte
Herzog Heinrich der Mutter im Tode und wurde neben
ihr begraben. Noch werden die Denksteine Beider daselbst
in Ehren gehalten. Die Breslauer, welche heut mit Stolz
von den Schanzenhöhen zu Oßwitz auf ihre reich bethürmte
Vaterstadt zurückblicken, haben mit Dankbarkeit auch der
Herzogin Anna und ihrer Söhne Heinrich und Wladislaus zu denken, denn diese verliehen der aufstrebenden
Bürgerschaft Breslaus 1261 das Magdeburger deutsche

---

¹) Item villam Ozzobowicz cum omni utili-
tate. Urk. bei Büsching 36. Schon 1268 bezeugt Herzog
Wladislaus: Item dedit eis villam, quae vocatur
Ozzobowicz cum omnibus pertinentiis eius
et vineam similiter ibidem constructam.

Stadtrecht als Grundlage des späteren Wohlstandes und Vorranges im Obergelände. Jener 1257 angepflanzte Weingarten zu Oswitz aber erinnert uns an einen Charakterzug der mildthätigen Fürstin Anna, welcher ihr zur Nachahmung für alle Hausfrauen besonders gerühmt wurde. Sie ließ nämlich für die Kranken im St. Elisabethhospitale der Kreuzherrn im Herbste das Obst sammeln und verabreichte dann die eingemachten Früchte den Genesenden als eine Erquickung, wie einst ihre barmherzige Schwiegermutter Hedwig mit den Armen den letzten Apfel getheilt. Da Anna ihren kleinen Schloßgarten in Breslau zum Klarenkloster geschenkt, konnte sie jene Früchte nur auf den Stiftsgütern sammeln lassen, und solche gediehen außer den Reben gewiß im Weingarten von Oswitz nebst Gemüsegärtnerei besonders. Schon seit Hedwigs Jugendjahren pflegte man Kirschbäume im Burgzwinger, und selbst Rosen blüthen am bischöflichen Sommersitz Preichau bei Steinau. —

Annas jüngster Sohn Herzog Wladislaus, welcher in ihrem Todesjahre als Erzbischof von Salzburg erscheint, war Vormund ihres jungen Enkels Heinrichs des Minnesängers. Jener hochsinnige Kirchenfürst sorgte, des väterlichen Auftrages eingedenk, gewissenhaft für das Klarenkloster und vermehrte unter Zustimmung seines Mündels am 12. Mai 1268 die Schenkungen der Mutter und des Bruders beträchtlich, da die Grabeshüterinnen Beider immer noch Vieles entbehren mußten. Indem er ihnen den Besitz ihrer bisherigen Güter landesherrlich bestätigte und namentlich in Oswitz nebst Zubehör, den Wein-

berg, die Zeibelei (Honig, Methzins) nebst Fischerei in
Ransern bezeugte, beschenkte er das Kloster im Beisein
vieler Barone und der Schaffner vom Minoriten-Kloster
St. Jacob noch mit Waldung, Häusern in der Stadt und
auswärtigen Zehnten. Seine werthvolle Urkunde enthält
auch eine höchst merkwürdige, zeitgemäße Verfügung. Er
bestimmte das Oswitz benachbarte Schloß Riemberg[1])
zu einem Zufluchtsorte der Klarissen, sobald sie
genöthigt wären, vor neuen Unbilden der Tataren
das Kloster in Breslau zu räumen. Denn jene
allgemeinen Feinde der Christenheit bedrohten noch immer
Schlesien von Polen her. Schon 1257 hatte Heinrich III.
die Breslauer Domburg gegen einen neuen Tatarenüberfall
in frischen Vertheidigungszustand setzen lassen. Zwei Jahre
nach Ankunft der Jungfrauen hierselbst brachen die wilden
Reiterhorden 1259 mit alter Raubgier in Polen ein und
schleppten die Einwohner in Sclaverei und Tod.

Schloß Riemberg war demnach damals ansehnlich
befestigt, der Oswitzer Ringwall aber der Hauptstadt zu
nahe und am wenigsten zu einem Asyle für Ordensfrauen
geeignet, obwohl das Landvolk auf der alten Insel immer
noch erwünschten Schutz finden konnte. —

Der „heilige Berg," — an dessen Fuße seit den ältesten
Zeiten der Friedhof des Dorfes lag, mag übrigens schon
bei Lebzeiten Annas mit einem christlichen Merkmale ver-

---

[1]) Curiam liberam in eodem castro (Riens-
berch) propter insultus tatarorum.

sehen gewesen sein, wie es sich später daselbst plötzlich als
längst vorhandene, volksthümliche Marienstatue an der alten
Eiche vorfand. Denn das Klarenkloster konnte nach der
allgemeinen Beobachtung der Kirche in nordischen Ländern
die verpönte Cultstätte der Heiden dem Volke nur offen
lassen, wenn dieselbe dem neuen Glauben durch ein ent-
sprechendes Zeichen geweiht war [1]). —

[1]) Scriptt. II. 162 ff. Grünhagen, Regesten I. II.
— Kn. Herz. Anna. Anzeiger d. germ. Muf. Nürnberg
1859, 161—65 u. 201—4. Annales Poloniae (Pertz)
XIX. Hannov. 1866. 25. 92. 95. — Das Marienbild
soll besonders in Kupfer gestochen erscheinen.

3. Oswitz im 14. Jahrhundert.

———

Vermöge ihrer stiftungsmäßigen Freiheiten hatten die Oswitzer Klosterleute sicher nicht über Druck Seitens des Convents oder seiner Procuratoren zu klagen. Von deren milder Behandlung haben wir noch unverwerfliche Zeugnisse, die in die Geschichte des Klarenklosters gehören. Im Geiste der trefflichen Stifterin nahm ihr Enkel Herzog Heinrich der Minnesänger 1270 im Verein mit seinem Vetter König Otacar II. von Böhmen die Klarissen in kräftigen Schutz. Nach der Aebtissin Briberun regierten im Stifte meist schlesische Herzogstöchter oder Edelfrauen, die mit den Piasten verwandt und befreundet waren. Viele adeliche Nonnen aus den besten Familien des Landes lebten im Convente; ebenso Töchter darin aus den wohlhabendsten Patrizierhäusern Breslaus. Daher begabten die nachfolgenden Fürsten gerade jenes Kloster so reichlich mit neuen Gütern und Zinsen, als es die Päpste vorzüglich begünstigten. Die Herzöge Heinrich V. u. VI. von Breslau, mit denen die hiesige Piastenreihe erlosch, wählten sich in der Klarenkirche ihr Begräbniß. König

Johann von Böhmen bestätigte dann als Erbe der Abge-
schiebenen ihre Privilegien mehrfach, besonders auch unter
den Gütern auf der rechten Oderseite 1344 den Besitz von
Oswitz, das nahe Inselland zwischen Masselwitz
und Ransern ec., indem er dieses Privilegium der persön-
lichen Obhut seines Sohnes Karl übewies und die Breslauer Consuln dafür verpflichtete. So zeigte sich auch
Karl IV. zweimal urkundlich 1348 und 1361 als gnädiger
Schirmherr des Klosters und seiner Güter, der späteren
Kaiser nicht zu gedenken.

In weltlichen Dingen vertraten die Minoriten gewöhn-
lich das Schwesterkloster auf seinen Gütern; sie führten die
Oberaufsicht, an sie waren die Oswitzer vielfach gewiesen.
Da dieses Nachbargut aber ebenso wenig, als die übrigen,
von dem Stifte selbst bewirthschaftet werden konnte, so ließ
es die Aebtissin bei zunehmender Cultur schon in der Mitte
des 14. Jahrhunderts in Pacht geben. Die darüber vor-
handenen Verträge gewähren uns ein anschauliches Bild
von Oswitz, Umgebung, Pächtern und Leistungen. Wir
lernen daraus über das freundliche Verhältniß des Stiftes
zu den Unterthanen in Oswitz bisher wenig erwähnte Züge
kennen, wie einzelne Fälle erweisen.

Am Tage Philippi und Jacobi 1351 verpachtete der
Procurator Namens des Convents das Gut Oswitz an
Johann Linke und seine Frau Elisabeth auf 3 Jahre
von Michaelis ab gegen jährlich 22 Mark prager Groschen.
Der Pächter erhielt dabei eine Strecke Neulandes zu
5 Malter 3 Scheffel Korn Wintersaat auf 5 Mark geschätzt,
die Hofewiese, die Fischerei und die Eichelernte für das

Maſtvieh. Da die Klariſſen Ziegenmilch tranken, mußte der Pächter jährlich 20 Ziegen halten und dem Kloſter das Leſeholz abliefern. Verkaufte er Schlagholz oder Reiſig, ſo gehörte ihm nur der zehnte Denar. Bis Weihnachten hatte er freie Hutung. Das läßt auf milde Winter ſchließen.

Im Jahre 1352 überließ Aebtiſſin Agnes von Palow mit ihrem Procurator Johannes Schönaich, Pfarrer von Schweidnitz, dem Peter Rabe und ſeiner Ehefrau Margaretha 4 Huben Ackerlandes auf ihren Gütern, die Oswycz genannt werden, erblich, wofür Rabe dem Kloſter jährlich 4 Mark prager Groſchen, 6 Zinshühner zu geben und freie Hutung auf den Wieſen Lype, Mönchs- und Peterswieſe haben ſollte. Dieſer Gutsantheil war damals ein Vorwerk gegen Ranſern, zum „Weynhofe" genannt, alſo in der Nähe des früher erwähnten Weingar- tens, der übrigens 1588 in Ackerland verwandelt erſcheint; denn das ſaure Gewächs hieſiger Zucht mochte längſt durch beſſere Sorten im Handel erſetzt ſein, als Aebtiſſin Chri- ſtina dem Chriſtoph Funke ein Stück auf ihren Gütern zu Oswitz „im Weinfelde" genannt, gegen 36 Weißgroſchen, 4 Hühner und ein halbes Schock Eier als Jahreszins aufließ. —

Der Procurator Conrad bezeugte 1355, daß die Brü- der Johann und Nicolaus von Wynberg der Wittwe Agnes, weiland Ehefrau des Breslauer Bürgers Jo- hannes von Polsnitz, und ihrem Sohne Johann, 4 Huben Ackerland zu Oswitz gegen 42 Mark prag. Gro- ſchen verkauft, wofür Agnes jährlich 2 Mark und 12 Hühner ans Kloſter zinſen ſollte. Das waren die obigen 4 Huben,

denn sie hatte wieder die nämlichen 3 Wiesen zur Nutzung
bis Weihnachten mit dem Beifügen, daß die Gärtner und
Inlieger des Dorfes frei Leseholz eintragen durften.
Derselbe Procurator Conrad (Kostolyn) bestätigte
Namens des Klarenstifts noch 1364 am Mittwoch nach
Petri Kettenfeier der Frau Margaretha, Wittwe des wei-
land Theodorich (Rabe) von Oswitz die Auflassung ihrer
beweglichen und unbeweglichen Habe im Vorwerke „Weyn-
berg" genannt, ihren Söhnen Johann und Nicolaus
daselbst. Diese verkauften den Weynberg im folgenden
Jahre an die oben erwähnte Frau Agnes, Wittw: des
Johann von Polsnitz, gegen 4 Mark prager Groschen
Jahreszinsen. —

Demnach waren die Oswitzer Schanzen, deren Trocken-
legung unter der Regierung des Kaisers Karl IV. erfolgt
sein muß, schon im 14. Jahrhundert allseitig von ertrag-
fähigem Boden, gehegtem Waldstande, reichem Wiese-
wachs, Obstkultur ꝛc. umgeben. Der Weinhof ist seitdem, wie manches Dorf im 30 jährigen Kriege, von der
Scholle verschwunden. Die Breslauer mögen auch dort
in der Weinlese stets vergnügte Stunden verlebt haben.
In Oswitz pflegten die Klarissen schon damals ihre Recrea-
tionstage zu halten, und es ist zu bedauern, daß die jetzigen
Inhaberinnen des Klosters nicht eine ähnliche Freistätte
für Erholung und Bewegung ihrer Schülerinnen in der
Nähe besitzen. —

Aus der späteren Geschichte des Ortes, der die Schick-
sale der Hauptstadt während vielfacher Belagerungen stets
mit zu erdulden hatte, sei nur erwähnt, daß allerdings über-

einstimmend mit einer alten Dorferinnerung die Sueven=
schanzen einmal kurze Zeit den Schweden unter Tor=
stenson zur Aufstellung ihrer Geschütze dienten, als sie
nach der Schlacht gegen die Kaiserlichen bei Steinau
und der Einnahme von Neumarkt und Canth Breslau
von der Nordseite zu gewinnen suchten. Sie kamen am
8. September 1632 mit den verbündeten Sachsen und
Brandenburgern hier an, brandschatzten und entvölkerten
die Dörfer, zumal die Klostergüter, und plünderten zuletzt
den Dom, wo sie zwei Jahre lang mit gründlicher Ver=
wüstung hausten. Das Domkapitel hatte sich während der
schleunigen Verschanzung der Dominsel auch an die Aebtis=
sin von St. Clara um die erforderlichen Weidenruthen zu
Schanzkörben gewandt und um Arbeiter aus ihren Dör=
fern gebeten, allein der Breslauer Rath war dem zuvor=
gekommen; die selbst sehr schutzbedürftigen Nonnen bewil=
ligten ihm aus den Werdern zwischen Oswitz und Cosel,
wo seit 1610 dem Stiftskanzler Friedrich Pusch von Lan=
deshut die Benutzung des Gesträuches zustand, allen
Ruthenbedarf, um Anfeindungen zu entgehen. — Wir
wenden uns nach dieser geschichtlichen Umschau, bei welcher
wir dem billigen Leser minder ansprechende Einzelnheiten
nicht ersparen konnten, zur näher liegenden Vergangenheit
des heiligen Berges [1]).

[1]) Prov. Arch. Clarenstift. Cop. B. f. 31. 44. 57. 73.
704. 735. 828. Kn. Herz. Anna. Diplom. 27. Heyne,
Bisth. I. 874. Kastner, Archiv I. 221 ff. II. 219 ff.
Büsching 7.

4. Die Bergkapelle.

Unstreitig war, wie wir bereits andeuteten, auf dem heiligen Berge bei Oswitz seit Klosterzeiten ein christliches Wahrzeichen öffentlicher Verehrung zu finden, da man solche altheidnische Cultstätten dem Volke nicht versperrte, sondern den früheren Zauber nur durch kirchliche Weihe bannte. Die Klarissen, welche ja oft zur Erholung nach Oswitz kamen und vom Herrnhofe aus den Wildpark der Schanzen besuchten, mögen schon zu Ende des 17. Jahrhunderts an einer Eiche des vormaligen „Swientagora" jenes Madonnenbildniß erneuert haben, welches noch jetzt in der Kapelle vorhanden ist. Dasselbe gehört nach seiner künstlerischen Behandlung offenbar in jene Zeit, hat aber, wie viele Gnadenbilder des Landes, auf große Vollendung keinen besonderen Anspruch. So darf der kalte Fremdling urtheilen. Dem Volke gilt die Bedeutung. Dasselbe sieht zuweilen höher, als der aufgeklärte Blick der Zweifler. Die Vorsehung bediente sich immer unscheinbarer Veranlassungen oder unberühmter Werkzeuge, sich den Menschen in Erinnerung zu bringen und gnädig zu zeigen. Diese Auszeichnung erfuhr auch die Madonna von Döswitz, ein schlichtes Schnitzwerk von 3 Fuß Höhe, die Gnadenmutter mit dem Jesuskinde darstellend. Dieses Bildwerk erwarb dem ganzen Orte, der vielleicht seit Jahrhunderten wenig beachtet worden, auf einmal Ruf und Ansehen durch eine Begebenheit, welche in der Umgegend gewaltigen Eindruck machte und in's Jahr 1724 trifft [1]).

Damals war zu Breslau der Sänger Balzer am St. Matthiasstifte der Kreuzherrn plötzlich erkrankt. Er verlor die Sehkraft und wurde am ganzen Körper gelähmt, alle angewandten Mittel blieben ohne Erfolg. Er fand weder Genesung noch Linderung seiner Leiden. Da erfreute den Siechen einst Nachts ein trostvoller Traum. Er sah sich auf den heil. Berg bei Döswitz getragen, wo das Marienbild, wie an vielen anderen Orten, noch am Eichenstamme hing. Balzer flehte im Traume die Madonna um ihren Beistand an und wurde geheilt. Beim Erwachen fühlte er aber die Fesseln seines alten Leidens. Doch sollte dem Niedergebeugten in Wirklichkeit werden, was ihm der Traum beschieden. Seine Angehörigen brachten den Kranken mit vieler Mühe von Breslau hinaus auf den heiligen Berg. Dort betete er mit Inbrunst und Zuversicht zur Mutter der Betrübten und entschlief darauf. Eine Weile

---

[1]) Lediglich nach Büschings Bericht S. 9 u. 10 u. m. Aufsatze „der heil. Berg bei Döswitz" im Schles. Kirch.-Bl. 1863. N. 21., mit Beifall abgedruckt im Feuilleton der Breslauer Ztg. v. 26. Mai.

verging, bis der Hoffende erwachte. Siehe, da vermochte
er von Neuem das tröſtliche Tageslicht zu ſchauen. Die
Nacht war von ſeinen Augen gewichen. Friſche Kräfte
durchpulſten und hoben den glücklichen Mann. Er war
im Stande, ungelähmt zur Stadt zurückzukehren. Hier
konnte er allerdings das ihm widerfahrene Wunder nicht
verſchweigen, ſondern verkündete es Jedem, der es hören
wollte. Der Vorfall ließ ſich auch nicht verheimlichen,
zumal Balzer, den man vordem allgemein wegen ſeiner
Erblindung und Lähmung bedauert hatte, in keiner
Täuſchung befangen war, ſondern noch drei Jahre lang
öffentlich bekannte, wie wunderbar er vor dem Marien-
bilde zu Dswitz geheilt worden ſei, bis er am 1. Auguſt
1727 mit Tode abging. Dieſe auffallende Herſtellung des
allgemein bekannten Mannes mußte natürlich unter allen
Schichten und Glaubensparteien der Bevölkerung bedeu-
tendes Aufſehen erregen[1].

Fortan ließen ſich zahlreiche Kranke nach Dswitz bringen, um dort, wie Balzer, Heilung oder Erleichterung
ihrer Gebrechen zu finden. Nachdem dieſe unzweifelhafte
Thatſache allenthalben verbreitet worden, ließ die Patronin
von Dswitz, Aebtiſſin Aloyſia von Proskau, den That-
beſtand durch ihren Stiftskanzler unterſuchen. Das Ereig-
niß war längſt erwieſen. Sie befahl nun, auf dem heil.
Berge eine Kapelle von Bindwerk zu errichten, worin die

[1]) Beſungen wurde dieſer Vorfall in einem wäſſrigen
Gedichte von Kubras. Büſching, Dswitz. 29 ff. und
Schl. Prov.-Bl. 1824. Nov. 413 ff.

Marienstatue, welche bisher an der Bildeiche gewesen, untergebracht wurde. Das geistliche Amt ertheilte dazu unter dem 10. April 1725 seine Genehmigung, jedoch mit dem Vorbehalte, daß in der neuen Kapelle keine Messe celebrirt würde. Dieses an sich schmucklose Bauwerk bestand im Kern aus einem schindelbedeckten Sechseck, welches geschlossen, nach der Morgenseite aber mit einer löbenartigen Vorhalle versehen war, unter welcher sich Kniebänke für die Andächtigen befanden[1]). Alsbald kamen nun aus Nähe und Ferne ganze Prozessionen auf den heil. Berg. Eine Menge Votivbilder wurden als Weihgeschenke derjenigen, die vor der Madonna von Oswitz Genesung gefunden, dankbaren Sinnes bei ihrem Bilde aufgehängt. Darunter erblickte man schon manche Kostbarkeiten in Gold und Silber, seltene Münzen, Medaillen, nachgeahmte Gliedmaßen Geheilter ꝛc. Diese Erscheinung währte zunehmend bis zur Klosteraufhebung im Herbst 1810. Durch diese verlor auch das Breslauer Klarenstift unter der letzten Aebtissin Maria Hedwig von Stensch[2])

---

[1]) Abgebildet bei Büsching. Titelblatt.

[2]) Sie war die Tochter des Herrn von Stensch auf Gut Schmögerle im Guhrauschen, 1736 in Trebnitz geboren, wo sie ihre Tante Aebtissin Hedwig von Wostrowsky mit 13 Jahren in's Kloster aufnahm. Von dort ward sie 1749 dem Breslauer Klarenkloster zur Erziehung übergeben und nahm hier am 7. August 1753 den Schleier; sie feierte 1803 das 50jährige Jubiläum ihrer Einkleidung als Aebtissin des Stiftes. Sie starb 1816 und setzte laut Testaments vom 6. Dec. 1813, wie

seine Besitzungen. Oswitz hätte nun eigentlich dem Ursu-
linerorden zufallen müssen, welchem die Stiftsgebäude in
Breslau eingeräumt wurden. Denn dieser genoß vom
Staate wegen seiner Verdienste um weibliche Jugender-
ziehung längst Anerkennung und Schutz — aber keine Einkünfte von Gütern. In damaliger Geldkrise veräußerte
jedoch der Fiskus den Bienenstock sammt dem Honige, und
Dominium Oswitz kam gegen einen höchst billigen Preis
an den Breslauer Buchhändler Johann Gottlieb K o r n.
So ging die Stiftung der seligen Herzogin Anna nach
553jährigem Bestande unter, und Oswitz wieder in weltlichen Besitz über. Doch wußte der neue Inhaber auch die
Bedeutung des heiligen Berges zu würdigen, auf welchen
Kirche und Volk ein unveräußerliches Anrecht erworben.
Galt es ja auch, den früheren Besuchern des denkwürdigen
Heiligthums dort freien Zugang zu lassen. Korn war
zunächst darauf bedacht, den Breslauern durch Verschönerung
der Oswitzer Anlagen einen Vergnügungsort zu schaffen,
der ihm den Dank aller Klassen erwarb. Er ließ deshalb
durch den Eichenwald geebnete Wege bahnen. Hervorragende Bäume [1]) wurden zur Ueberdachung anziehender

Codicills vom 16. Febr. 1815 unter Anderen die k. Haus-
armen und dürftigen Schulkinder der ehemaligen Stifts-
dörfer zu Universalerben ein; aus ihrem Vermächtnisse
erhalten sonach auch die O s w i t z e r alljährlich zu Weihnachten ihren Antheil.

[1]) Solche sind die noch stehende alte Bildeiche und
einer der ältesten Bäume Deutschlands, die 2000jährige,
noch kerngesunde Eiche am Dominialgehöft, deren Alter

Ruheplätze erwählt 2c., die bedeutendsten Punkte mit Tafeln versehen, welche gefühlvolle Aufschriften erhielten. Ein Gasthaus in der Nähe der Suevenschanze gewährte seitdem allen Ankömmlingen Befriedigung der Magenbedürfnisse; den heutigen Ansprüchen wollen allerdings die vernach= lässigten Anlagen und die unzureichende Bewirthung nicht mehr genügen. Oswitz selbst bietet im Sommer Allen gastliche Aufnahme, Quartier und leibliche Verpflegung. Jedes Haus ist ein Gasthaus, der Ort wie ein kleines Warmbrunn.

Während der Theuerung 1811 und 1812 ließ der Be= sitzer zur Beschäftigung vieler Darbenden, die dadurch Brot gewannen, die Schanzen urbar machen, einen Weg um dieselben anlegen und die Höhe mit 2000 vorzüglichen Kirschbäumen bepflanzen, deren Ueberreste noch jetzt in der Baumblüthe des Ortes Naturreiz erhöhen.

Die Bergkapelle war nach fast hundertjährigem Bestande auch schon sehr baufällig geworden. Das morsche Bindwerk, die schutzlose Vorhalle, das ganze armselige Ge= bäude entsprach seiner Bedeutung wenig. Außerdem übten sich Diebe an diesem unbewachten Heiligthum mehrfach in Einbrüchen. So erschien ein massiver Bau längst geboten. Bereits besaß die Kapelle ein Vermögen von tausend Tha= lern, welche zu einem Neubau allerdings nicht ausreichten. Mit dieser Summe und anderen Schenkungen erbot sich

---

Geh. Mediz.=Rath Prof. Dr. Göppert — nach den aus Saarauer Braunkohlengruben geförderten Eichenverstei= nerungen berechnet hat. (Botanisch. Garten!) — Dem= nach stand sie schon 100 Jahre vor Christus! —

der Beſitzer des Dominiums zur Herſtellung des Ganzen. Dazu erfolgte die biſchöfliche Erlaubniß bald. Baurath Langhaus, welcher die jetzige Elftauſendjungfrauenkirche zu Breslau gebaut, wurde mit der Ausführung der neuen Oswitzer Bergkapelle betraut.

Als Platz dazu wählte man dicht hinter der alten Ka- pelle die Scheitelfläche des heil. Berges. Im März 1822 begann die Grundgrabung, welche ſo viele heidniſche Grab- alterthümer zu Tage ſchürfte. Am 25. April wurde der Grundſtein gelegt. Scheunert, der älteſte Greis des Dorfes, geboren am 19. März jenes Jahres, da Friedrich II. von Preußen die öſterrreichiſche Provinz Schleſien einnahm, trug in einem Käſtchen die Geſchichte der alten Kapelle zur Grundſteinlegung. In Gegenwart vieler Breslauer Gäſte bewegte ſich der Feſtzug mit den Oswitzer Fahnen vom Herrnhofe zum heiligen Berge. Die Schuljugend beglei- tete denſelben unter Geſang. Der Pfarrer Hoppe von St. Michael in Breslau, zu deſſen Parochie die Gemeinde Oswitz gehört, ſchritt an der Spitze des Zuges und vollzog die Einweihung des Grundſteins, worauf der Gutsherr nebſt Gemahlin und älteſtem Sohne, der Scholz nebſt dem Ortsgericht, zuletzt der Gemeindehirt, als der Ge- ringſte des Dorfes, zum Grundſtein die üblichen Hammer- ſchläge gaben.

Die neue Kapelle wurde nun von Werkſtücken unter- mauert, von Backſteinen errichtet und im Achteck ausge- führt. Ihr Stil läßt ſich nicht feſtſtellen, Einzelheiten ſind der damals wieder erwachenden, aber noch unbegriffenen Gothik entlehnt. Sie mißt bis zur Kuppel 34 Fuß, die

„am Laternenschlusse 47 Fuß und 27 Fuß allseitig im Durchschnitt. „Von außen sind zwar lange mit Rundbogen überwölbte Fensterblenden angegeben, aber nur unter den oberen Bogen stehen runde Fenster, die theils mit weißem, theils buntem Glase aus Böhmen zwischen den geschmückten Stäben versehen, die Kapelle erhellen." — Diese Einrichtung hat leider auch die traurige Nässe im Innern verursacht, wodurch zumal die Gemälde arg gelitten haben.

Auf dem einzigen Altare steht als Hauptschmuck ein gothisch geschnitztes, vergoldetes Reliquiar, in welchem das alte Marienbild verwahrt wird. Gutgemeinte Frömmigkeit behing es mit ungehöriger Gewandung. Das Elfenbeincrucifix erwarb der Patron als italienisches Schnitzwerk in München. Dasselbe hat schon erhebliche Sprünge. Die Altarleuchter bezog Korn von Paris. Die besseren silbernen Festleuchter schenkte 1824 laut Inschrift Fräulein Sophie von Montbach, Herrin auf Masselwitz. Die Alabasterfiguren (Reliefs) zu beiden Seiten der Pforte sind beachtenswerth. Der Innenraum war von Anfang mit 22 Gemälden fast überladen. Es sind dabei Geschenke des Grundherrn. Darunter befinden sich einzelne in Breslauer Klöstern aufgefundene Stücke von Willmann, Fuchs aus Marienbad, Frank, Sauerland, dem älteren Felder, Krause und italienischen Meistern. Zu den besseren zählen: eine Kreuzabnahme, St. Malachias, ein hl. Wilhelm, Ecce Homo, Schutzengel, St. Ursula, Magdalena, eine Copie der Madonna della Sedia, eine werthvolle Hochzeit der heil. Agnes. Tod des heil. Ignatius, Christus am Kreuze, Franziscus Sale-

3

flus und zwei andere Heilige im Bischofsornat, St. Be...
dictus, das Abendmahl spendend, mit dem Wappen des
Stifters von 1793. — Eine Steinplatte von Kunzendorfer Marmor bedeckt
die Familiengruft des Patrones vor dem Altare, zu dessen
Epistelseite bereits sein Denkmal aufgestellt ist. Neben der
Thür führt eine Treppe bis zum Zinkdache. Dieses wurde
vom Kupferschmidt Bencke vollendet. Die starke Eisen-
thür fertigte der Schlossermeister Scholz. Unter Langhaus kam das Ganze durch Maurermeister Tschokke und
Zimmermeister Fieck zu Stande.

Ueber dem äußern Portale ist die Lünette mit einem
Bildwerk aus gebranntem Thone, Maria mit dem Kinde,
von zwei knieenden Engeln umgeben, modellirt durch Professor Döll in Altenburg, geschmückt. Unter dem Dachsims
des Stirnfeldes erblicken wir die 12 Apostel, nach Peter
Vischer am Sebaldusgrabmal in Nürnberg von
Professor Rauch und Tieck geformt, wie sie als Altarein-
fassung im Dom zu Berlin verwendet worden. Die gothischen
Blattornamente lieferte Töpfermeister Roszinski in
Breslau unter Beihilfe des Bildhauer Mächtig. So stand
im Herbste 1824 die neue Kapelle da und fand den Beifall
des Königs Friedrich Wilhelm III., der sie am 15. September mit seiner hohen Familie in Augenschein nahm.
Hierauf meldete der Patron dem Fürstbischofe Emanuel
von Schimonski und dem Domkapitel den Abschluß
des Baues und schenkte die während desselben gesammelten
1400 Thaler, die früher zur neuen Kapelle verwandt werden sollten, zur Errichtung eines Armenhauses für die

Gemeinde Döswitz. Der Patron übernahm demnach die Baukosten für Erstere selbst und verdiente sich dadurch allgemeinen Dank, zumal bei der billigen Erwerbung des reichen Klostergutes solche Munificenz zu erwarten stand. Er wurde jedoch seitens der geistlichen Behörde vermocht, den Bau als persönliche Stiftung anzuerkennen, ohne weitergreifende Rechte, wonach auch ein Erhaltungsfonds für denselben nicht deponirt worden ist. Drei Tage nach des Königs Abreise kam der Fürstbischof am 18. September selbst zur Besichtigung der neuen Kapelle, deren treffliche Ausführung er nur anzuerkennen vermochte. Er beauftragte den Domherrn von Montmarin mit der Einweihung. Am 28. September 1824 übertrug Pfarrer Hoppe von St. Michael das wunderthätige Marienbild aus der alten Kapelle in den Neubau. Am 30. September war der Weihetag. Schon Nachmittags 3 Uhr hatte man den alten Holzbau niedergerissen. Nur ein einziges Bild, die Madonna von Czenstochau, wurde aus demselben in die neue Kapelle gebracht, ist jedoch daraus auch wieder verschwunden. — Am 30. September herrschte festliches Wetter. Morgens 8 Uhr versammelten sich Sänger und Kirchenbeamte, auch eine Volksmenge Breslauer Einwohner um den Patron und seine Familie. Aus der Umgegend kamen viele Andächtige. Um 9 Uhr führte Pfarrer Thielmann aus Schweinern die Prozession der Gemeinde, welcher zwei rothseidene Fahnen mit Bildern von Maler Kalter, die der kunstliebende Kaufmann Kny in Breslau geschenkt, voran getragen wurden. Im Zuge befand sich wieder der greise, 84jährige Scheunert, den der Patron

3*

zu diesem Tage neu bekleidet hatte. Er trug auf grünsei-
benem Kissen den großen bekränzten Kapellenschlüssel.

Der Gemeinde vorauf schritten geschmückte Jungfrauen.
Das Musikchor begrüßte sie vom heiligen Berge, worauf
der Domherr von Montmarin an die verschlossene
Thür der neuen Kapelle trat. Diese öffnete der Patron
nach den üblichen Ceremonien persönlich, das Ganze der
Kirche übergebend. In der Nähe war eine Kanzel unter
freiem Himmel errichtet. Von dieser hielt der Domherr
Dr. Krüger die Weiherede, welche später zum Besten
des Armenhauses gedruckt wurde. Am Schlusse derselben
sagte nach manchem Lobspruche für den Erbauer der beliebte
Domprediger: „Ja, wenn unsere sterblichen Ueberreste
längst von der Stille des Grabes umfangen, und wenn
von den Nachkommen Hunderttausende aufgetreten und
hier vorübergegangen sind, so wird im Hellbunkel dieses
Heiligthums noch manchen frommen Beter der Friede
Gottes umschweben. Manches bekümmerte Herz wird
hier gestärkt werden durch die tröstliche Verheißung: Rufe
mich an zur Zeit der Noth; ich will Dich retten und Du
wirst mich preisen." — Die Weihe beschloß ein Hochamt
mit einer Festmesse von Danzi und einem Tedeum vom
Domkapellmeister Schnabel, der die Musik leitete. Nach
diesem geschah ein Opfergang zum Altare, den der Patron
mit den Seinen eröffnete. Für die Leser dieser Gedenkblät-
ter fügen wir noch den Weihespruch des alten Kubras bei,
der heut auch noch Beachtung verdient:

Was hier die Kunst und frommer Sinn gestaltet,
Das stehe dauernd durch die fernste Zeit;
Das Heilige, das Bilder hier entfaltet,
Sei lieblos nie zertrümmert, noch entweiht.
Mag Himmelsfriede um die Stätte wohnen,
Des Blitzes Strahl ihr nie Vernichtung drän'n;
Und Menschen sollen die Kapelle schonen,
Was Gott geweiht, soll Jedem heilig sein! ·

Vor der Kapelle und im Rücken derselben erblickt man jetzt mehrere Heiligenfiguren aus Stein, die jedenfalls bereits zur Zeit der Klarissen, als noch die alte Kapelle stand, mithin seit 1725 hier aufgestellt wurden, heut aber meist ihrer Kennzeichen beraubt und verstümmelt sind. — Der Kreuzweg am heiligen Berge hinter der Marien-Kapelle bestand schon früher, als diese. Domherr Krüger hielt bei Einweihung der neuen Stationen bereits am 14. Mai 1818 eine ebenfalls gedruckte Rede über das Thema: Christus hat gelitten für uns und ein Vorbild hinterlassen, daß wir sollen nachfolgen seinen Fußtapfen. — Die Bilder müssen sich aber nicht lange im Freien gehalten haben, denn schon am 17. Mai 1826 ersuchte Krüger den Fürstbischof von Schimonski um die Erlaubniß, die von dem Forst-assessor von Frankenberg neu angeschafften Stations-bilder in der Stille am heiligen Berge einweihen zu dürfen, wozu er schon am folgenden Tage ermächtigt wurde. Dies geschah auch Anfangs Juni 1826. — Der Zudrang zur Berg-Kapelle nahm seitdem nicht ab. Die in besonderen Kästchen aufbewahrten Votivgeschenke, welche von Zeit zu Zeit besonders verzeichnet, im Winter, wenn die Kapelle geschlossen, auf's Schloß der Patrone in Verwahrung genommen, und später zum Theil für Anschaf= fung von anderen Cult=Bedürfnissen verwerthet wurden, beweisen die Andacht der opferwilligen Gläubigen[1]), welche hier vielfache Tröstung erfuhren. Leider hat auch das Verbrechen hier oft in der Nähe des heiligen Berges das Andenken an düstere Selbstmorde hinterlassen, weshalb im Volksmunde der nahegelegene Friedhof nicht ohne Wahr= heit der Kirchhof zu den „sieben Todsünden" benannt wurde.

Bemerkenswerth ist aber ein erbaulicher Vorfall aus neuerer Zeit, den noch lebende Zeugen bestätigen. Wir geben denselben in der schmucklosen Form wieder, wie er uns zugekommen. Die Frau Oberin des Elisabethiner= Convents in Breslau, M. Philippine Fischer berichtete unter dem 20. September 1866 folgendes aus den gewissenhaft geführten Krankenmatrikeln des Klosters:[2])

„Ein Dienstmädchen Henriette Krinke, 20 Jahr alt, evangelisch, von Kupferberg gebürtig, wurde aus

---

[1]) cf. Kapellenacten von Oswitz. Gen.=Vic.=Amt Breslau v. 1821—1841.

[2]) Zeitgenössische Zeugen sind: der Bisthums=Offi= cial Herr Canonicus und Alumnatsrector Dr. Sauer, bis 1840 Curatus des Elisab.=Klosters, und viele ältere Schwestern daselbst: Seraphine Winter, Ottilie Priesnitz, Leopoldine Meyer, Hedwig Beyer, Franziska Pietsch, Salesia Herrmann, Stanislaia Neumann, Victoria Schmidt u. A.

Pardwitz in unsere Anstalt gebracht am 17. Februar 1839 wegen Harnleiden. Sie hatte dabei verschiedene Nervenleiden und zwar so, daß sie durch den ganzen Körper wie gelähmt war. Die Beine waren bis zu den Knieen ganz ohne Gefühl. Das eine Knie sah man ganz dick angeschwollen. Sie konnte sich nicht allein aufsetzen und mußte auf einer Stelle liegen. Es wurde Alles angewendet, und Herr Sanitätsrath Dr. Krocker gab sich viele Mühe, ihre Leiden zu erleichtern. Es wollte aber Alles nichts fruchten. Sie hatte von Kindheit auf eine Vorliebe für religiöse Dinge und verehrte die Mutter Gottes sehr. Sie betete gern und oft und bat sie um Genesung. Im Frühjahr 1840 aber bat sie, man möchte sie doch nach Oswitz fahren lassen. Wir redeten ihr zu, sie möchte noch warten und die Mutter Gottes bitten, bis sie so weit wäre, daß sie sitzen könnte und sich aufsetzen. Das geschah. In einigen Wochen war sie so weit, daß sie sich im Bett aufsetzen und umdrehen konnte. Aber weder gehen noch allein stehen konnte sie und bat nun noch dringender, sie jetzt nach Oswitz zu schicken, was im Monat Juli geschehen ist. Sie wurde in den Wagen getragen und zwei Frauen fuhren mit. Unterwegs sagte sie, sie bekäme so ein eigenes, freudiges Gefühl in ihre Glieder. Beim heiligen Berge angekommen, wurde sie aus dem Wagen gehoben — und sie konnte stehen. Sie wollten sie hinauftragen. Sie bat aber, man möchte sie lassen, sie wollte die Stufen hinauf rutschen, was ihr gestattet wurde. An der letzten Stufe angekommen, betete sie noch eine Weile. Dann stand sie auf, und sie wollten sie in die Kapelle tragen. Sie sagte aber: „Ich fühle so eine Festigkeit in meinen Beinen!" — Sie gaben ihr die Hand und führten sie gehend in die Kapelle. Dort angekommen, kniete sie freudig bewegt vor die Mutter-Gottes und betete recht inbrünstig, so daß, die mit ihr waren, vor Freude mit weinen mußten. Als sie aufstand, sagte sie: „Sehen Sie, ich bin gesund, mein Vertrauen zur Mutter Gottes ist nicht umsonst gewesen!" — Das war Ende Juli an einem Sonnabend. Als sie nach Hause kam, sprang sie allein ohne Hilfe aus dem Wagen und kam in's Krankenzimmer in der größten Freude. Sie blieb noch vier Wochen da, um zu sehen, ob es von Bestand sein würde. Den 1. September 1840 wurde sie entlassen. Sie war nach einiger Zeit wieder einmal da, sie hatte sich verheirathet und war convertirt."

Dem können wir beifügen, daß eine glaubensinnige Frau, welche Jahre lang an einem todesgefährlichen Gewächs gelitten, vor der bedenklichen Operation durch Sanitätsrath Dr. Menschig, auf ihrem Schmerzenslager gelobte, wenn sie noch einmal gesund würde, zur Madonna in Oswitz zu wallfahrten. Dieses Glück wurde ihr zu Theil. Sie löste ihr Gelübde im Herbst 1866. Es war Frau Consistorialräthin M. in Breslau. —

Während der milderen Jahreszeit pilgern viele Andächtige aus der Hauptstadt und Umgegend zum heiligen Berge. Innere Anliegen drängen sie, die Madonna von Oswitz zu suchen. In der Kapelle wird auch häufig von Breslauer Geistlichen seit 1824 celebrirt. Der Schullehrer verwahrt den Schlüssel. Ein Kapellenwärter hält sich in der Nähe des heiligen Berges auf. Er hat nur Ermächtigungen von der

Gutsherrschaft. Andere Personen, die dem Publikum lästig
werden, sind ohne Säumniß zurückzuweisen! — Privat-
eingriffe in gottesdienstliche Functionen, die sich dergleichen
Aufdringlinge erlauben, geschehen ohne Kenntniß der zuständ-
digen Behörde und verdienen gebührende Ahndung.
Abbildungen des heiligen Berges, der neuen und
alten Kapelle, — erschienen theils früher von Endler in
Fülleborns Breslauer Erzähler mehrfach, theils von Roß-
mäsler in Büschings Schriftchen 1824 in Kupfer, später
auch in Steindruck. Von der Oswitzer Madonna befindet
sich ein getreues Oelbild in der äußeren Ursuliner-Kirche
unweit des Grabes der Herzogin Anna an der Nordwand
neben der Herzurne der letzten Piastin, Charlotte von
Holstein. Jene Nachbildung ließ die genannte Aebtissin
Aloysia von Proskau 1725 besorgen und in einem
tabernakelartigen Schränkchen unterbringen, worin auch
einige Pretiosen als Votivgaben verwahrt werden. Andere
Andenken an Oswitz besitzt das Kloster aus der Zeit der
Klarissen nicht mehr. — Ein treffliches Gemälde vom
Breslauer Landschaftsmaler Dreßler, welches den heil.
Berg und die Kapelle mit ihrer reichen Waldstaffage dar-
stellt, hat der Patron von Korn neuerdings erworben.

5. Beilagen.

I. Maianbacht in Oswitz.
1860.

Sind die Vöglein schlafen gangen,
Hat die milde Frühlingsnacht
Schon die stille Welt umfangen
Mit des Sternenschleiers Pracht;
Tönt zum Schlag der Nachtigall
Noch ein frommer Liebeshall:
    O sanctissima,
    O piissima,
    Dulcis virgo Maria!
    Mater amata,
    Intemerata,
    Ora, ora pro nobis!

Droben aus der Bergkapelle
Ueberstrahlt der Ampel Licht
Unter Betern vor der Schwelle
Treuer Mütter Angesicht;
Trostbedürftig flehen sie
Mit bewegter Melodie:
    Tu solatium
    Et refugium,
    Virgo, Mater, Maria!
    Quidquid optamus,
    Per te speramus,
    Ora, ora pro nobis!

Jungfraun duft'ge Kränze bringen,
Daß ihr Myrthen nicht verdorrt;
Reue denkt mit Händeringen
An's vergess'ne Warnungswort;
Doch herab vergebungsmild
Lächelt der Madonna Bild:
Ecce debiles,
Perquam flebiles,
Salva nos, o Maria!
Tolle languores,
Pelle dolores,
Ora, ora pro nobis!

Der Bedrängten wunde Seelen
Hoffen auf die Helferin;
Nie ließ es an Rettung fehlen
Unf're Himmelskönigin;
Durch der Engel Lilienstab
Träufelt Balsam sie herab:
Virgo, respice,
Mater, aspice,
Audi nos, o Maria!
Tu medicinam
Portas divinam,
Ora, ora pro nobis!

Also heilt die makelreine
Gnadenmutter jede Qual,
Segen spendend der Gemeine,
Die sich ihrer Huld empfahl; —
Hat dem Heiland, den sie trägt,
Ja die Welt an's Herz gelegt!
Tua gaudia
Et suspiria
Juvent nos, o Maria!
In te speramus,
Ad te clamamus,
Ora, ora pro nobis!   K.

II.

Rönig Johann von Böhmen
bestätigt dem Kloster von St. Clara in Breslau alle
Privilegien über Döwitz und die übrigen Besitzungen an
der Ober. Luxemburg 1344. Oct. 9.

Nos Johannes Dei gratia Rex Boëmiae,
Luccemburgensis Comes Recognoscimus tenore
praesentium universis. Quod pro parte devotarum
nostrarum . . Abbatissae et . . Conventus Monasterii
Sanctimonialium ordinis sanctae Clarae Wra-
tislavien. extitit humiliter supplicatum. Quatenus
de nostrae solita benignitatis gratia praedictis . .
Abbatissae et . . Conventui ac mon. bona infra scripta
videlicet. **Ossewitz. Insulam sitam inter Masslicz
et Ransin.** Item Insulam quae praetenditur ad
pontem molendini ipsius monasterii usque retro
sanctum Johannem. Jescowitz allodium circa
sanctam Margaretam situm cum eorum pertinentiis quibuscunque nominibus censeautur, donare, in-
corporare ac libertate prout aliorum predecessorum
nostrorum dominorum Ducum Wratislav. desuper

..abent litteras nostris litteris ratificare, gratificare et confirmare dignaremur. Nos vero considerantes cultum divinum muneris, qui exercetur per easdem pro nobis et universa dei ecclesia incessanter pro quo nostram Regalem decet Clementiam. easdem.. Abbatissam. Conventum et mon. honoribus, utilitatibus et commoditatibus extolli fructuosis. Earum itaque rationabilibus supplicationibus favorabiliter annuentes praedicta bona **Ossewicz allodium. Insulam** et Insulam praedictas ac Jescowicz allodium praedictum cum omnibus eorum pertinentiis quibuscunque nominibus censeantur, ipsis.. Abbatissae et conventui ac **mon.** auctoritate nostra Regia donavimus et donamus, incorporavimus et incorporamus. per praesentes ac ipsa bona ab omni Jugo servitiorum, si quae nobis tenebantur, absolvimus et remittimus ac gratiosius libertamus et praedictorum dominorum Ducum wratislaviens. litteras datas ipsis desuper donatione, incorporatione ac libertatibus quibuscunque praedictorum bonorum Ratificamus, gratificamus, Ratas ac Gratas habere volumus et praesentibus confirmamus.

Mandantes igitur Illustri Carolo primogenito nostro karissimo. marchioni Moraviae. Capitaneo. magistro Consulum et Consulibus wratislav. ac omnibus et Singulis officialibus in districtu wratislav. fidelibus nostris dilectis, qui nunc sunt et pro tempore fuerint, nostrae gratiae fuerint sub obtentu. — Quatenus praedictas.. Abbatissam. conventum et mon. sanctae Clarae in praedictis dona-

tionis, incorporationis et libertationis gratia, ut pro-
mittitur per nos ipsis, stare non debent impedire nec
per alios quoscunque pati quomolibet impediri. Verum
eas in eisdem favorabiliter conservare harum littera-
rum testimonio quibus nostrum duximus Sigillum
appendendum. Datum Luccenburg Anno Mille-
simo trecentesimo quadragesimo quarto in die beati
Dyonisii¹). (Ohne Zeugen.)

----

¹) Mit dem gr. Staatssiegel Johanns an grünseibenen
Schnüren im Prov.-Archiv. Clar. Nr. 95. Aufschrift des
Originals: allodium hossewicz cum silva. pertinentiis et aliis omnibus proventibus. — item Insulam
sitam inter Masslicz et Ransino. etc. — In
Luxemburg wurde K. Johann nach seinem Falle in
der Schlacht bei Crecy 1346 in der alten Kirche auf dem
heutigen Wilhelmsplatze bestattet. Bei ihrem Abbruche
erstand ein Advokat den Sarg und die Leiche des Königs
für 10 Franken; von diesem erwarb sie ein Fabrikbesitzer
an der Saar, der sie auf den Hausboden stellte, bis er sie
dem Könige von Preußen, Friedrich Wilhelm IV. bei
einem Besuche überließ. Letzterer verschaffte den Gebeinen
des auch für das Breslauer Klarenkloster wohlthätig gewe-
senen Johann von Böhmen in der hochgelegenen Kapelle
„der Klause" an der Saar das schönste Fürstengrab des
Abendlandes zur Beschämung der Luxemburger! (Schles.
Ztg. 1867, Nr. 182.)

III.

Kaiser Karl IV. nimmt das Klaren-Kloster
zu Breslau in Schutz und beauftragt mit diesem die Herzoge
Bolko von Schweidnitz und Ludwig von Brieg.
Breslau 1361. Juli 19.

WIR KARL von gotes gnaden Romisschir keysir
czu allen czyten merer des Rychis und konig czu
Beheym Bekennen und tun kunt offintlich mit desim
briue allen den dy en sehin odir horin lesin. Wenne
wir dy geystlichen und gotirgebin di.. Abtissinne und
den Convent des Clostirs czu sente Claren czu
Breczlaw unsirn libin andachtegen und ir Clostir
mit alle erinn gute und czugehorunge in unsir schirm
und genade sundirlich enpfhangen habin. So meyne
wir si ouch by allen erin rechtin. vryungen und gnaden
di en von unsirn vorvarin seligis gedechtnisse desselbin
Clostirs Stiftern und ouch von dem durchlwychtegen
Johansen weylin konge czu Beheym unsirn libin
vatir als em got genad und von uns geschehn gegeben
und vorleyt sein genediclich und vesticlich czulasen
und czu behalden. Dorum etc. gebiten und empfhellin
wir den hochgeboren Bolkin herczogen czu der
Swydnicz. unsirn libin swagir und Lodwygen
herczogen czu dem Brig unsirn lybin oheym und
furstin. wer das sache das ymant vrevillichen di genan-
ten Juncfrawen und das Clostir an erin vorgenannten
rechtin, vreyheyten und gnaden in deheine wys (keine

weise) hindirn adir beschedigin woldin in welchin w,
din adir grade der were das die vorgenantin unsir
Furstin das werin und wedern schuln. von unsirn
wegen. wy des not gesche und ye di vorgenanten
Juncfrawn und das Clostir by irin obgescribu-unsirn
bot czu leystin. Das wir unsir wort und wille und
geheys und hettin gern uns doran indeheine wys nicht
getan. Mit urkund des briefes vorsigilt mit unsirn
anhangenden Insigil der gegeben ist czu Bretzlo
noch Christi geburt dryczehundirt Jar dornoch in
dem eyn und sechczigsten Jare des nehisten Montage
vor sente marien Magdalenen tag. Unsir Ryche des
Romischen in dem sechezehinden des Beheymeschin
in dem fumczenden und des keysirtumps in dem
sebinden Jahre. (Ohne Zeugen.)

Prov.-Archiv. Breslau. Copialb. s. Clarac, fol. 73.

Druck von Robert Nischkowsky in Breslau.